"D'ailleurs c'est toujours les autres qui meurent"
["D'altronde sono sempre gli altri che muoiono"]

Epitaffio composto da Marcel Duchamp,
inciso sulla lapide della sua tomba a Rouen.

*This book was published on the occasion of the fiftieth anniversary
of the death of Marcel Duchamp*

*Questo libro è stato pubblicato in occasione del cinquantenario
della morte di Marcel Duchamp*

Fondazione Echaurren Salaris

Presidente Claudia Salaris

Vicepresidente Pablo Echaurren

La Fondazione Echaurren Salaris ringrazia Mary Ann Caws,
Distinguished Professor di letteratura comparata, inglese e
francese, presso il Graduate Center della City University of
New York, per avere consentito di pubblicare in questa collana
il testo della conversazione tenuta il 24 aprile 2018 al Graduate
Center, in occasione della presentazione della ristampa
anastatica della rivista *The Blind Man* di Marcel Duchamp.
Una divagazione incentrata sull'importanza del lascito
duchampiano, che prende spunto proprio dalla mostra di Pablo
Echaurren intitolata *Du champ magnétique*, allestita alla Scala
Contarini del Bovolo di Venezia nel 2017.
Un pensiero riconoscente va a Daniela Daniele, che ha
accompagnato Mary Ann Caws a visitare l'esposizione
veneziana e poi ha accettato di tradurre questo testo. Senza la
sua intermediazione la nostra pubblicazione non sarebbe nata.
Ringraziamo per la preziosa collaborazione Stephen Hepworth,
direttore delle Collezioni della Reversible Destiny Foundation di
New York, nonché la direzione della Scala Contarini del Bovolo
di Venezia. Una menzione va a Huw Evans (Shanti) per avere
svolto il non semplice compito di tradurre in inglese il testo di
Pablo Echaurren, posto in appendice.
Infine si ringraziano Franco, Roberta e Alessia Calarota della
Galleria d'Arte Maggiore G.A.M. di Bologna, che hanno
promosso e organizzato la mostra *Du champ magnétique*, da
cui è scaturito tutto questo.

Snail Time
di Mary Ann Caws
© 2018 Postmedia Srl, Milano

Traduzioni di Daniela Daniele e Huw Ewans
Redazione a cura di Antonella Sgambati
Referenze fotografiche: Gioielli Nascosti di Venezia; Reversible
Destiny Foundation; Massimiliano Ruta
www.fondazioneechaurrensalaris.it

In copertina: **Pablo Echaurren**, *Snail secret,* 2018
Per le immagini di Marcel Duchamp
© Association Marcel Duchamp, by SIAE 2018

www.postmediabooks.it
ISBN 978-88-7490-212-5

Snail Time

Mary Ann Caws

In appendice
Duchamperie (1977-2018)
di Pablo Echaurren

postmedia●books

Just a Venetian ramble
for some dear friends,

about Venice and stairs and that Duchamp guy, and blindness and seeing, or
reseeing, in case you, and you will probably know why you are getting this, or
just need a brief irresponsible and comic relief from whatever you are doing

from an irresponsible friend
M.A.

Una tranquilla sgroppata veneziana
ad alcuni amici cari,

su Venezia e le sue scale, su quel burlone di Duchamp, sulla cecità e sul
vedere, o rivedere, nel caso vogliate, e molto probabilmente riusciate a
comprendere le ragioni per cui vi invio questo. Anche solo come breve,
irresponsabile e comico diversivo da qualsiasi altra cosa voi stiate facendo

da un'amica irresponsabile
M.A.

Snail Time

Mary Ann Caws

You might, at least, keep quiet while I am talking.
Mina Loy[1]

This is to celebrate three dates: 1917, the year of the glorious
fountain by R. Mutt, and 2017, the year of my painfully
slow ascension of the snail staircase, the *Scala Contarini del
Bovolo* in Venice, with my longtime friend Daniela Daniele,
in honor both of Marcel Duchamp and of the visual dialogue
maintained with him by Pablo Echaurren starting from 1977.
The triple repetition of the magic number 7 is meant in
part to help my heavy breathing as I lumber up behind my
younger and light-footed friend all the way to the top to see
the exhibit of that so pertinent dialogue. Because we are on
the actual date of April 24, 2018, marking the publication of
The Blind Man, Duchamp's work whose overall title is "The
Blind Man sees the Fountain," now with an introduction
entitled "New York Dada Magazines in 1917", I have been
thinking about exhibitions and exposure.[2] For I now think
that the very exhibition of something, even in the costume of
a post-mortem dialogue, is already the making of something
presumably, by its very name, at least imaginatively voiced into
something presumably silent. But reimagining an all-involving
Venetian experience, I so well remember a heavy breathiness,
almost voiced, in the exhaustingly exposure of my lumbering

up the convoluted sides of this snail, all of this in friendship
and in architectural admiration.

Which brings me, puff puff now and mentally also, to the
remembrance of my friends Arakawa and Madeline Gins, such
close friends of Marcel Duchamp, who themselves evoked
the snail and its more than complicated shell, in their poetic/
philosophical/architectural meanderings about bridging the
this and that. Madeline had evoked the blindness of Helen
Keller (in *Helen Keller or Arakawa*)[3] and we had all meditated
together on another friend, Jacques Derrida's *Memoirs of the
Blind: the Self-Portrait and Other Ruins.*[4] Of course, not seeing
sometimes leads to a fresh looking, and what a delight to quote
Mina Loy in *The Blind Man,* from *The Independents'* number,
April 10, 1917, no. 1, in the final piece, her brilliant *In…
Formation* therein:

> *The Artist* is uneducated, is seeing IT for the first time;
> he can never see the same thing twice.[5]

Of that all, all that seeing and nonseeing, some other time and
writing, but now I am remembering this puff puffing of both
memory and of painful climbing, all of this existing now at a
snail's pace, winding and wending its way upward.

Yes, of course, like Duchamp's *Nu descendant un escalier* or,
as Pablo Echaurren teams it, with that *Nous,* that very "we,"
as we are now, ascending that stair in the shape of a snail:
Nous ascendant un escalier. Am I thinking Paul Valéry and
his notes about the snail in his *Variété V?* Yes of course I am,
because everything snails into everything else, but (you might
ask, especially if you didn't know me and my wandering
and wondering way of being) what is a French poet doing
mounting this so very very Venetian stair? Well, of course, in

the slow and convoluted and somehow magical universe of the snail as it winds and wends its and our way, everything is rolled together. Valéry, in his magnificent meditation on "Man and the Sea Shell," celebrates "the continuity of the general convolution of the form… the basic motif of the helical spiral."

And besides, in this upwards trudge, I accept his involved and lengthy description of how the sea shell throws "lights on our limitations," and particularly how "this little hollow, spiral-shaped calcareous body summons up a number of thoughts, all inconclusive…".[6] How super that it all remains open, like modernism itself, not just "proto-Dada," as Sophie Seita uses the term in her introduction to the 2017 publication of *The Blind Man.*[7]

So snail time and the effort of bridging all those disciplines as Arakawa and Madeline and Pablo Echaurren all did, along with Duchamp the ironic leader – I will not say master, since that too terribly brings to mind all the maestros we have listened to and breathed along with over the ages – of so much art practice, and again, I refuse to say "Artistic" which feels a watering down of everything we continue to believe in. I too, like so many of us, admired Marcel Duchamp, and not just for the *rongwrong* reasons which were indeed the right reasons, but for his refusals.[8]

I was there, not climbing, at my present age this past year, any stairs, but just being, at the Museum of MOMA, our very own New York Museum, where we were celebrating both *Dada and Surrealism,* even as the rowdy (and totally *Rightright* crowd outside was chanting *"MuseumMausoleum"*). From the podium (what a terribly obfuscating word) some rather self-important self-appointed leader of us dadaizing/surrealizing would-be rowdies addressed Marcel Duchamp with the oomphily

patronizing words: "Voulez-vous, cher Marcel Duchamp,
dire quelque chose?" and Duchamp had responded, in that
gorgeously chiseled face of his, "NON," which reminded us
(well several, of us, I expect, if you ever know what to expect
of anyone) of his having replied "BALLS" when André Breton
had asked him for a response way back then).

At that grandly appropriate response, I had departed the
auditorium set aside for our gathering, and found myself in
the elevator alone with Duchamp, in a moment of privilege
like something out of *"A Night to Remember."* Whatever
he said, as he smiled welcomingly, to this overcomingly
tonguetied fellow passenger who was myself, myself cannot
recall, except that, for that moment, I felt freed from my
academic-literary-critical whatever category into someone
admiring but really responded to.

So, climbing that Venetian stair into that exhibit space way
above, I felt just as happy as I did breathless, and found the
dialogue enterable into, as an observer-respondent, having
gladly, if breathily, paid the toll of an entrance fee, just
as delighted as with any trialogue of present personages,
characters in the now high-up drama of Venice and 2017 art in
response, gladly, to that 1917 manifestation. No need to recall
all those superb Aragonesque pages on the "Marcelle Wave"
in the *Paysan de Paris,* or any sigh of "ah, Marcel," but rather
something real: I had breathed my way up to that massively
exciting series of articulated responses to Duchamp's 1917
work, no matter how many times it had been attacked (what a
repeated honor!) or lauded as seminal (perfect word there), and
felt I could salute, as I do now, all of them and their visionary
creations, Marcel Duchamp, Arakawa Gins, and Pablo
Echaurren, with my expended and salutary breath in recovered
reality: "Ah! Marcelle!".[9]

1. Mina Loy, "In… Formation", *The Blind Man: 100th Anniversary Facsimile Edition*, "Independents' number", ed. Sophie Seita, Ugly Duckling Presse/Lost Literature #21, p. 7.

2. Sophie Seita, "The Blind Man Sees the Fountain. New York *Dada Magazines* in 1917: An Introduction," in *The Blind Man*, cit., pp. 3-21.

3. A wonderful piece by Michel Delville and Stéphane Dawans about Arakawa and Gins and their *Ubiquitous Site House* in the snail form involves Valéry, the poet Francis Ponge, and the philosopher Gaston Bachelard, whose reference to Valéry reads "the motto of the mollusk would then be: you have to live to construct your house and not build your house to live," like the mollusk emanating its own shell. They invoke Geoffrey Saint-Hilaire in 1830, claiming that the mollusk's morphological structure (like that of any living organism) permits an infinity of diversification – thus the ability to modify its own organs and setup, a characteristic of Arakawa and Gins' *Architectural Body* and the *Rotation House*. The reference to Ponge comes from his poem "The Snails," in which their own secretion needs nothing exterior (we can think about André Breton's insistence on surrealist art as depending on an interior model), so a process of "auto-invention" and proprioception. The philosophy of this monument, outliving the human itself, joins morality and image, nature, the human and the transhuman. See Stéphane Dawans and Michel Delville, "Corps Architectural et poétique de l'organique: le rêve de l'escargot", in *Formules* No 14, ("Formes urbaines de la création contemporaine"). Paris, 2010: 229-244.

4. Madeline Gins, Helen Keller or Arakawa, Oakland/San Francisco, Cal., Burning Books, 1994. Jacques Derrida, *Mémoires d'aveugle. L'autoportrait et autres ruines.* Réunion des Musées Nationaux, 1991.

5. Mina Loy, "In... Formation", *The Blind Man: 100th Anniversary Facsimile Edition*, "Independents' number", cit., p. 7.

6. "Man and the Sea Shell," in Paul Valéry, *Anthology*, Princeton University Press, ed. and tr. James Lawler, 1977, pp. 108-135.

7. According to Seita, the term "proto-Dada" "[...]" acknowledges a provisional and mutable network of practitioners who sometimes engaged critically and creatively with the forms and attitudes of what is now considered canonical Dada". Sophie Seita, "Introduction" to *The Blind Man*, cit., ft. 5, p. 4.

8. *Rongwrong* is included in the 2017 publication of *The Blind Man*.

9. An allusion to the description of a Paris Street with a hairdresser doing the "Marcelle Wave," in Louis Aragon, *Un Paysan de Paris*, tr. Simon Watson Taylor, Exact Change, 2004.

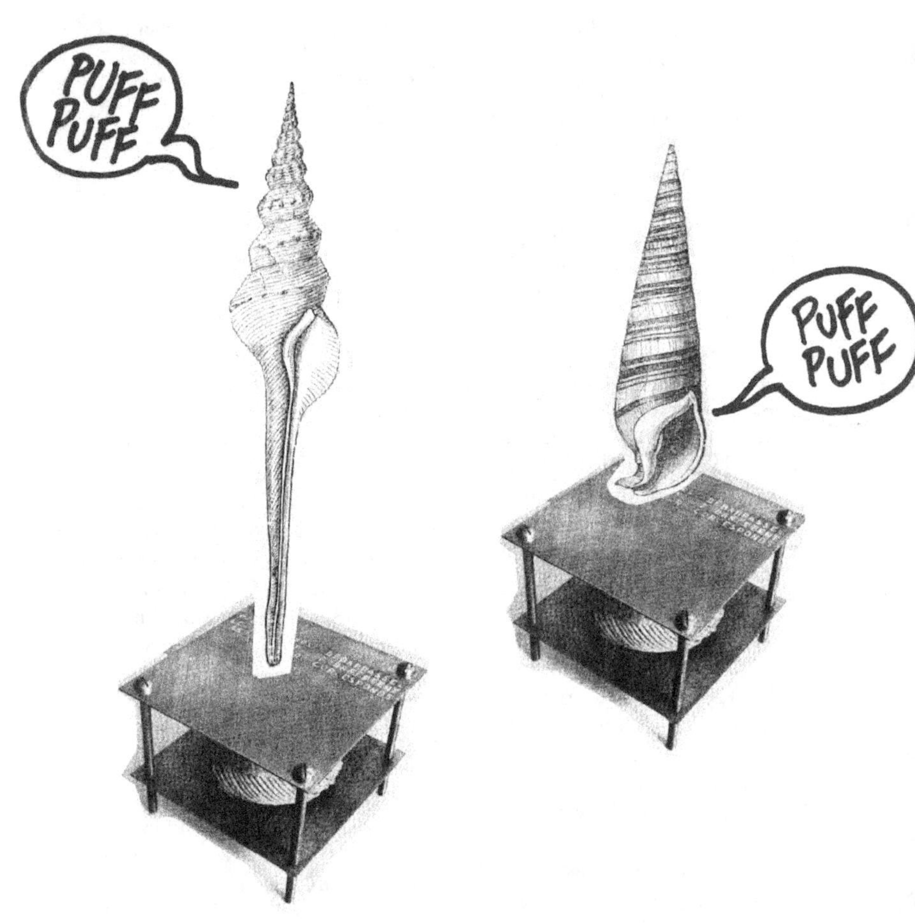

Pablo Echaurren, *Mary Ann ascending and descending a staircase*, 2018

Tempi da lumaca

Mary Ann Caws

Potresti almeno starti zitto mentre parlo.

Mina Loy[1]

Questo scritto festeggia due date: il 1917, l'anno della gloriosa
fontana di R. Mutt, e il 2017, l'anno della mia lenta e faticosa
ascesa della chiocciola veneziana, la *Scala Contarini del Bovolo*,
con la mia amica di lungo corso Daniela Daniele, in omaggio
a Marcel Duchamp e al dialogo visivo ingaggiato con lui da
Pablo Echaurren dal 1977. La tripla ripetizione del numero
magico 7 allevia in parte il mio affanno mentre arranco alle
spalle della mia più giovane amica dal piede alato fino in cima,
per vedere la prova di quel dialogo così pertinente. E, poiché è
il 24 aprile 2018, e cioè l'anniversario della pubblicazione della
rivista di Duchamp *The Blind Man* (*Il cieco*) — ora riapparsa
con un'introduzione, il cui titolo completo è "Il cieco vede la
Fontana: Le riviste Dada a New York nel 1917"),— la cosa mi fa
pensare al rapporto che intercorre tra le esposizioni e l'esporsi.[2]
Perché credo che esporre qualcosa, pur mascherandola dietro
un dialogo post-mortem, implichi di per sé la trasformazione
di qualcosa a cui si allude verbalmente in qualcosa di
presumibilmente tacito. Ma, tornando a immaginare la mia
coinvolgente esperienza veneziana, ricordo molto distintamente
il mio pesante affanno esplicitato dal mio faticoso arrancare ai
lati tortuosi di quella chiocciola, e tutto questo nel più sincero
spirito di amicizia e di architettonica ammirazione.

Tale circostanza mi riporta adesso, pant pant, a richiamare,
anche alla mente, i miei amici Arakawa e Madeline Gins,
a loro volta grandi amici di Marcel Duchamp, i quali pure
evocarono la chiocciola e il suo complicatissimo guscio
nelle loro labirintiche divagazioni poetiche/filosofiche/
architettoniche sulle possibilità di congiungere una cosa
all'altra.[3] Madeline ha fatto riferimento alla cecità di Helen
Keller (in *Helen Keller, ovvero Arakawa*)[4] e noi tutti abbiamo
meditato assieme sul libro di un altro amico, il Jacques
Derrida di *Memorie del cieco: l'autoritratto e altre rovine*.[5]
Ovviamente, il non vedere talvolta ci induce a conquistare un
nuovo sguardo, ed è una vera delizia poter citare Mina Loy dal
fascicolo de "Gli indipendenti" de *Il cieco*, uscito il 10 aprile
del 1917, in quel suo pezzo straordinariamente definitivo che
s'intitola *In… formazione*, e in cui si legge:

> "*L'artista* non viene mai istruito, vede sempre LE COSE
> per la prima volta; non vede mai due volte la stessa cosa".[6]

Di tutto ciò, di tutto questo vedere e non vedere dirò in altri
tempi e in altri scritti, ma ora ricordo ancora, pant pant,
l'affanno della memoria e della faticosa ascesa, che avverto
distintamente anche adesso, al passo di una lumaca che si
ritorce nel volgersi in ascesa su per la sua strada.
Sì, certo, proprio come il *Nudo che scende da una scala*, o alla
maniera in cui Pablo Echaurren lo associa a quel *Noi*, che in
francese è quasi omofono di *Nudo*, e quindi proprio a "noi"
per come adesso, nell'ascendere quella scala a chiocciola: *Noi
che ascendiamo una scala*. Sto forse pensando a Paul Valéry e
ai suoi appunti sulla chiocciola nel suo *Varietà V*? Sì, proprio
a lui, perché tutto si riavvolge e si snoda in qualcos'altro
sulla stessa scia, ma —potrebbe allora chiedersi soprattutto
chi non dovesse conoscere troppo bene me e il mio modo di
vagare e divagare, — cosa ci fa un poeta francese su per questa

venezianissima scala? Beh, certo, nell'universo lento, tortuoso
e per molti versi magico della chiocciola che si avvolge su se
stessa per dirigersi per la sua e la nostra stessa strada, tutto si
riannoda. Valéry celebra "la continuità della *versione* generale
della forma… che è poi il motivo fondamentale dell'ellisse
spiraliforme".[7]

Oltre al fatto che, da tutto questo scarpinare verso l'alto, posso
cogliere appieno tutta la sua tortuosa e protratta descrizione
poetica del come la conchiglia marina finisca per "illuminare i
nostri limiti", e del come, più nello specifico, quel suo "piccolo
corpo calcareo, cavo e spiraliforme richiami intorno a sé una
quantità di pensieri, di cui nessuno giunge a compimento…".[8]
Com'è straordinario che tutto rimanga aperto, proprio come
il modernismo nel suo insieme, e non solo il "proto-Dada",
nell'accezione adottata da Sophie Seita nella sua introduzione
all'edizione del 2017 de *Il cieco*.[9]

Allora, il tempo da lumaca e lo sforzo di collegare tutte le
discipline, come hanno fatto Arakawa, Madeline e Pablo
Echaurren, eleggendo Duchamp a loro ironico capofila—per
non dire maestro, perché anche questa parola riporta alla mente
il tremendo ricordo di tutti i maestri a cui abbiamo prestato
ascolto e dietro cui ci siamo affannati per tanti anni—di
tante forme d'arte che, ancora una volta, mi rifiuto di definire
"artistiche" poiché questo attributo pare edulcorare tutte le cose
in cui continuiamo a credere. Perché anch'io, come molti di noi,
ho ammirato Marcel Duchamp, e non solo per tutte le ragioni
sbagliatissime che invece erano proprio giuste, ma per i suoi
grandi rifiuti.[10]

Lo scorso anno ero lì, non in ascesa, ma nel mio ordinario
presente, non su una scala, ma semplicemente al MOMA, il
nostro più autentico museo di New York, dove eravamo giunti

a festeggiare il *Dada* e il *Surrealismo* (anche se all'esterno una folla rumorosa inneggiava all'unisono e in modo *giustizialista di destra* al "*MuseoMausoleo*").

Dal podio (che è un termine terribilmente ottenebrante) un qualche autorevole membro del nostro gruppo dadaizzante/surrealizzante che si era bruscamente autoimposto come nostro leader, aveva rivolto aggressivamente a Marcel Duchamp la seguente formula condiscendente: "Voulez-vous, cher Marcel Duchamp, dire quelque chose?" e allora Duchamp aveva risposto, con quella sua faccia perfettamente scolpita, "NO", ricordando a noi altri (e cioè, a molti di noi, perché immagino che fra di noi nessuno sapesse davvero cosa aspettarsi dagli altri) che lui era la stessa persona che aveva risposto "CHE PALLE" quando André Breton gli aveva chiesto un commento molti anni prima).

Davanti a quella sublime reazione estremamente appropriata, io avevo abbandonato la sala allestita per il nostro raduno, ritrovandomi da sola in ascensore con Duchamp, in un momento di assoluto privilegio che pareva tratto dal film sul Titanic, "*A Night to Remember*". Qualsiasi cosa avesse mai detto nel sorridere calorosamente a quell'intrusa dalla lingua impastata che in quel momento ero io, accanto a lui, per un attimo mi sentii libera da ogni mia categoria accademico-critico-letteraria per trasformarmi in una sua ammiratrice, certo, ma pienamente appagata.

Per questo motivo, nell'ascendere la scala veneziana fino allo spazio d'esposizione collocato in cima, mi sentii al contempo felice e assolutamente senza fiato, trovando, da osservatrice-commentatrice, il dialogo finalmente accessibile, essendo stata lieta, malgrado l'affanno, di aver pagato il biglietto d'ingresso, e di aver assistito divertita ad ogni trialogo ingaggiato da altri personaggi nel dramma altolocato della Venezia di oggi e nell'arte del 2017 ora ideata in risposta a quella manifestatasi nel 1917. Non devo qui evocare tutte le superbe pagine Aragoniche dedicate all'"onda Marcelle" in *Paysan de Paris*[11], né continuare a sospirare "ah, quel Marcel", per ricordare, piuttosto, qualcosa di molto concreto: ho esaurito tutto il mio fiato per raggiungere questa serie esaltante di articolate risposte all'opera di Duchamp del 1917, senza pensare a quante volte essa sia stata attaccata (con reiterati onori!) o elogiata come seminale (che, in quel contesto, è un termine assolutamente perfetto), per cui ora sento di potermi congedare, come faccio adesso, da loro tutti e dalle loro creazioni visionarie, da Marcel Duchamp, da Arakawa e Gins, e da Pablo Echaurren, respirando a pieni polmoni e in piena salute davanti alla realtà ritrovata: "Ah, Marcelle!".

(Traduzione italiana di Daniela Daniele)

1. Mina Loy, "In…Formation", "Independents' number", n. 1, 10 aprile 1917, in *The Blind Man*, ripubblicato nell'edizione del centesimo anniversario di *The Blind Man: 100th Anniversary Facsimile Edition*, a cura di Sophie Seita, Ugly Duckling Presse/Lost Literature #21, 2017, p. 7.

2. Sophie Seita, "The Blind Man Sees the Fountain. New York Dada Magazines in 1917: An Introduction", in *The Blind Man*, cit., pp. 3-21.

3. Un bellissimo saggio di Michel Delville e Stéphane Dawans su Arakawa e Gins e la loro *Casa su sito ubiquo* a forma di chiocciola rimanda

a Valéry, al poeta Francis Ponge
e al filosofo Gaston Bachelard, il
quale adotta per Valéry le seguenti
parole: "il motto del mollusco
potrebbe dunque essere: dovete
vivere per costruire la vostra casa
e non costruire la vostra casa per
viverci", proprio come fa il mollusco
nel dipanare la sua chiocciola. ("La
devise du mollusque serait alors: il
faut vivre pour construire sa maison
et non bâtir sa maison pour y vivre",
Gaston Bachelard, *La Poétique
de l'espace*. Paris: PUF, 1957, p.
106). Dawans e Delville evocano
Geoffrey Saint-Hilaire, il quale,
nel 1830, sostenne che la struttura
morfologica della chiocciola (come
quella di ogni organismo vivente)
consente un'infinità di variazioni,
da cui la sua abilità di modificare
i suoi stessi organi e la propria
struttura, come avviene nel *Corpo
architettonico* e nella *Casa rotante*
di Arakawa e Gins. Il riferimento
a Ponge deriva dalla sua lirica "Le
lumache", il cui secreto non ha
nulla di esteriore (si pensi al modo
in cui André Breton insisteva sul
modello interiore quale fondamento
dell'arte surrealista), trattandosi di
un processo di "auto-invenzione"
e di propriocezione. La filosofia di
questo monumento, che sopravvive
al suo stesso creatore, riesce a
congiungere moralità e immagine,
natura, umano e transumano. Cfr.
Stéphane Dawans and Michel
Delville, "Corps Architectural et
poétique de l'organique: le rêve
de l'escargot", in *Formules* No 14,
("Formes urbaines de la création
contemporaine"). Paris, 2010, pp.
229-244.

4. Madeline Gins, *Helen Keller or
Arakawa*, Oakland/San Francisco,
Burning Books, 1994.

5. Jacques Derrida, *Mémoires
d'aveugle. L'autoportrait et autres
ruines*, Réunion des Musées
Nationaux, 1991. Edizione italiana
a c. di Federico Ferrari, Milano,
Abscondita, 2003.

6. Mina Loy, "In…Formation",
*The Blind Man: 100th Anniversary
Facsimile Edition*, cit., p. 7.

7. "la continuité de la *version*
générale de la forme [...] le motif
fondamental de l'hélice spiralée",
Paul Valéry, *L'homme et la coquille*
(1837). Essai, illustré par Henri
Mondor, ripubbl. in *Variété
V*, Paris, Gallimard, 1944, e in
"Variété V", in *Variété III, IV, et V*,
Paris, Gallimard, 2010, p. 545. La
traduzione italiana qui citata è di
Maria Teresa Giaveri, in Paul Valéry,
Opere scelte, I meridiani, Milano,
Mondadori, 2014, p. 1336.

8. "à illuminer nos limites [...] ce
petit corps calcaire creux et spiral
appelle autour de soi quantité
de pensées, dont aucune ne
s'achève…", in *Variété V*, cit., pp.
560, 569. Trad. it., in *Opere scelte*,
cit., pp. 1348, 1356.

9. Nel suo saggio introduttivo alla
riproduzione anastatica di *The
Blind Man*, Sophie Seita parla di
"proto-Dada" per "indicare la rete
temporanea e mutevole di operatori
coinvolti sul piano critico e creativo
nelle forme e nelle modalità afferenti
a quello che oggi viene canonizzato
come movimento Dada". Cfr. il
saggio introduttivo di Sophie Seita
al facsimile di *The Blind Man*, cit.,
ft. 5, p. 4.

10. Il chiaro riferimento è alla rivista e all'editoriale di *Rongwrong*, composto da Marcel Duchamp (Douxami) a New Brunswick, il 5 maggio 1917, e incluso nell'edizione facsimile di *The Blind Man*, cit., p. 2.

11. Qui si allude a una strada parigina dove un parrucchiere eseguiva l'"onda Marcelle", come ricorda Louis Aragon nel suo *Un Paysan de Paris*, Paris, Gallimard, 1926.

and the images for snail time, in case you would like to see them,
just in case

m.a.

ecco le immagini dei nostri tempi da lumache, nel caso vogliate
vederle, e solo in quel caso

m.a.

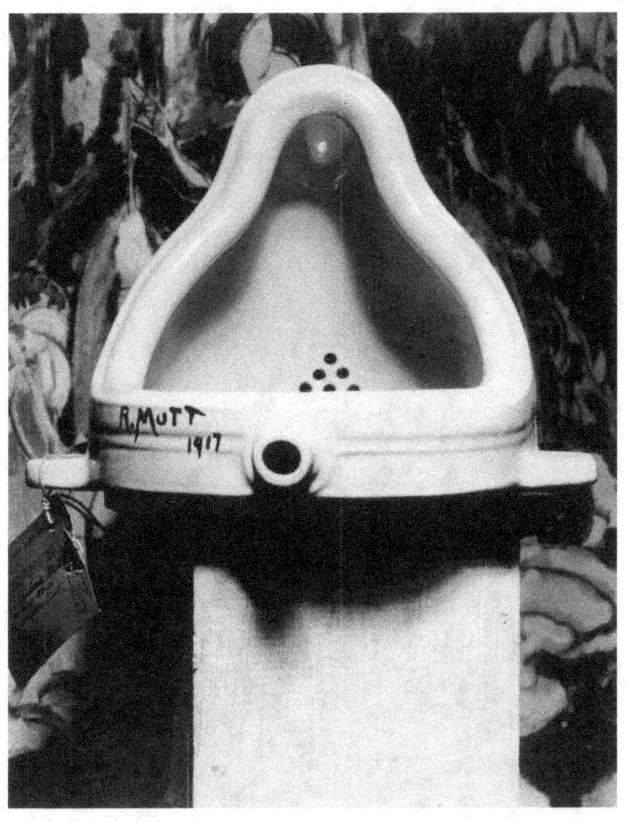

Marcel Duchamp, *Fountain*, 1917
Courtesy: Association Marcel Duchamp, by SIAE 2018

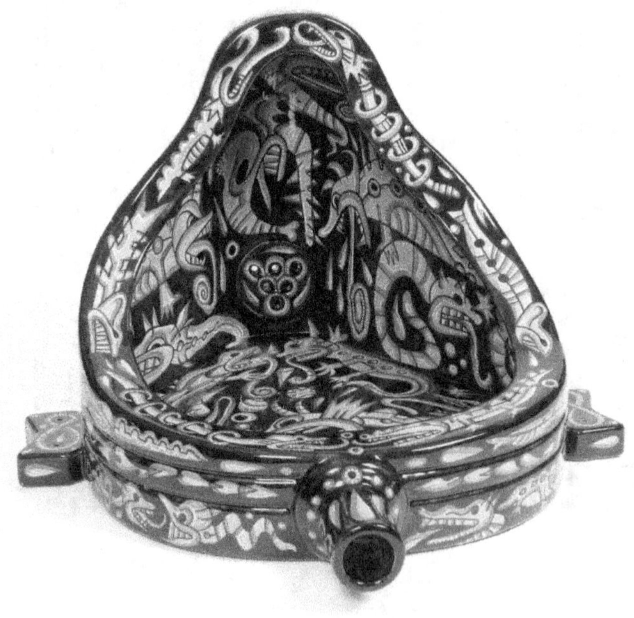

Pablo Echaurren, *U/siamo tutti Duchamp 2 / We all are/use Duchamp 2*, 2016

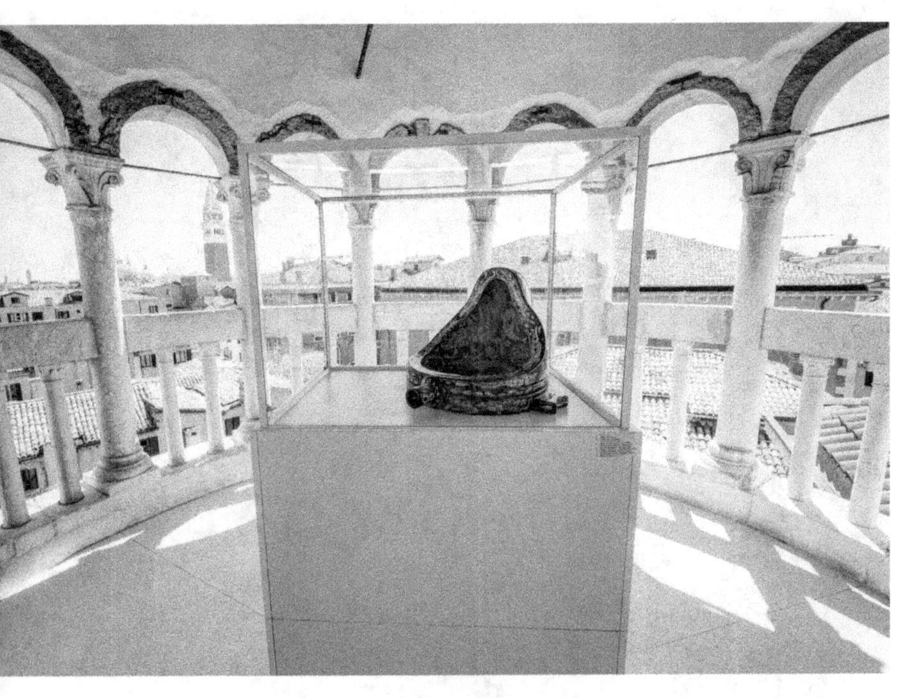

Pablo Echaurren, *U/siamo tutti Duchamp 2*, 2016, scultura esposta alla Scala Contarini del Bovolo, Venezia 2017 / *We all are/use Duchamp 2*, 2016, sculpture exposed at the Scala Contarini del Bovolo, Venice 2017

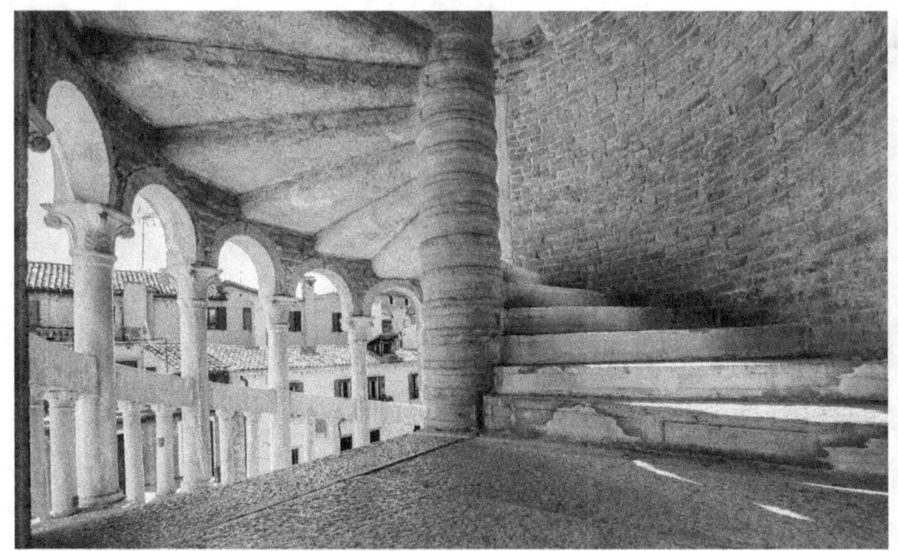

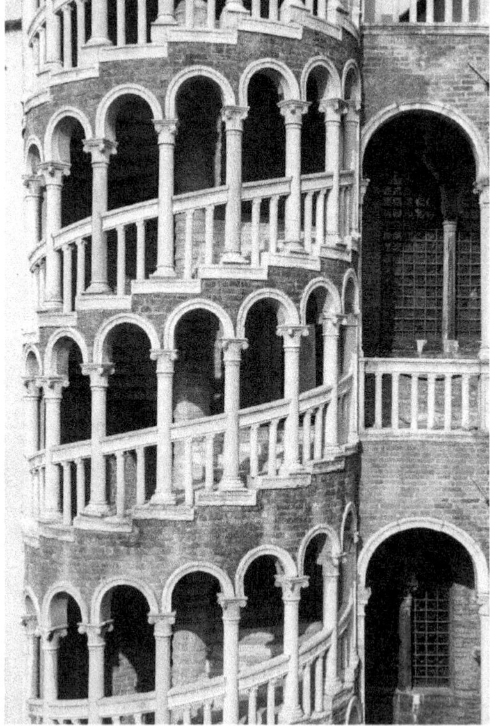

Scala Contarini del Bovolo, Venezia / Venice

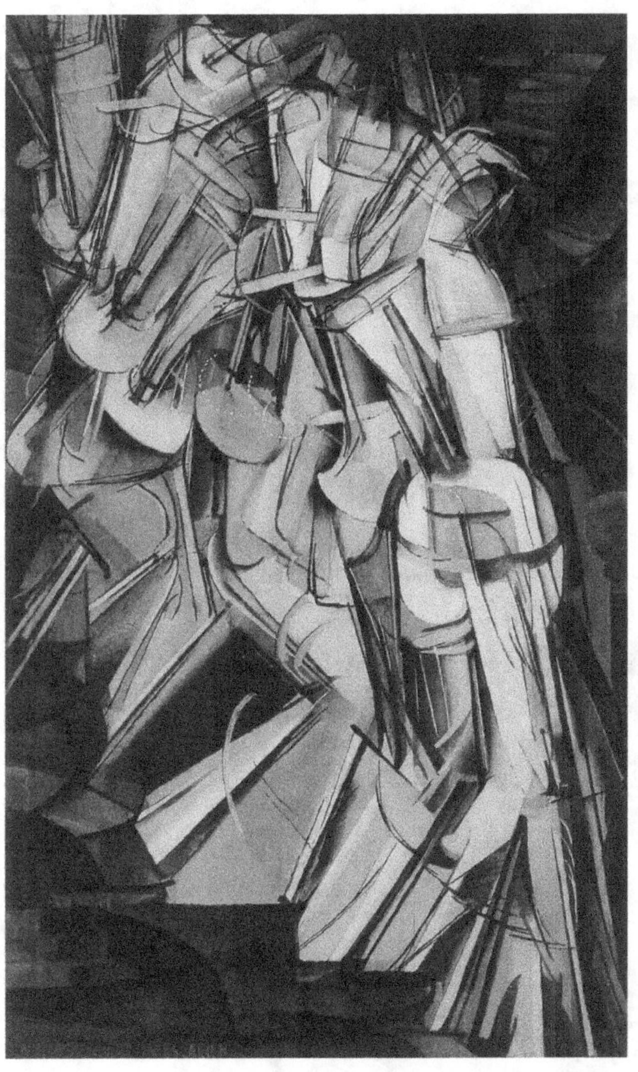

Duchamp prima di Echaurren / Duchamp before Echaurren. *Nu descendant un escalier 2*, 1912. Courtesy: Association Marcel Duchamp, by SIAE 2018

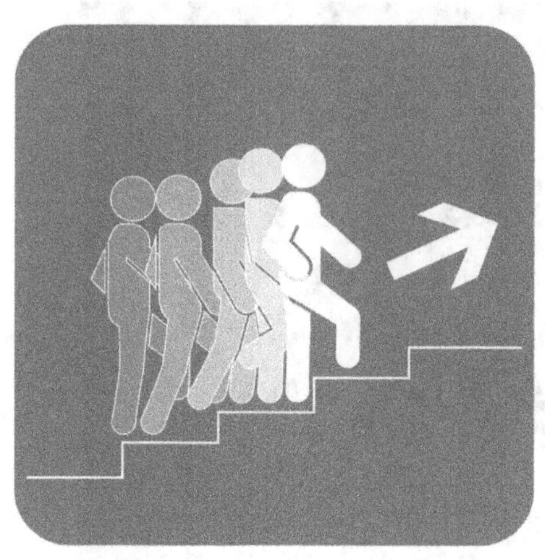

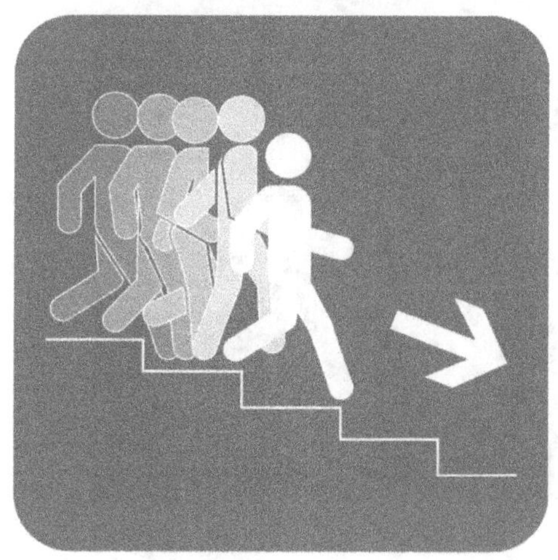

Echaurren dopo Duchamp / Echaurren after Duchamp.
Cartelli segnalatori / Signs, 2017

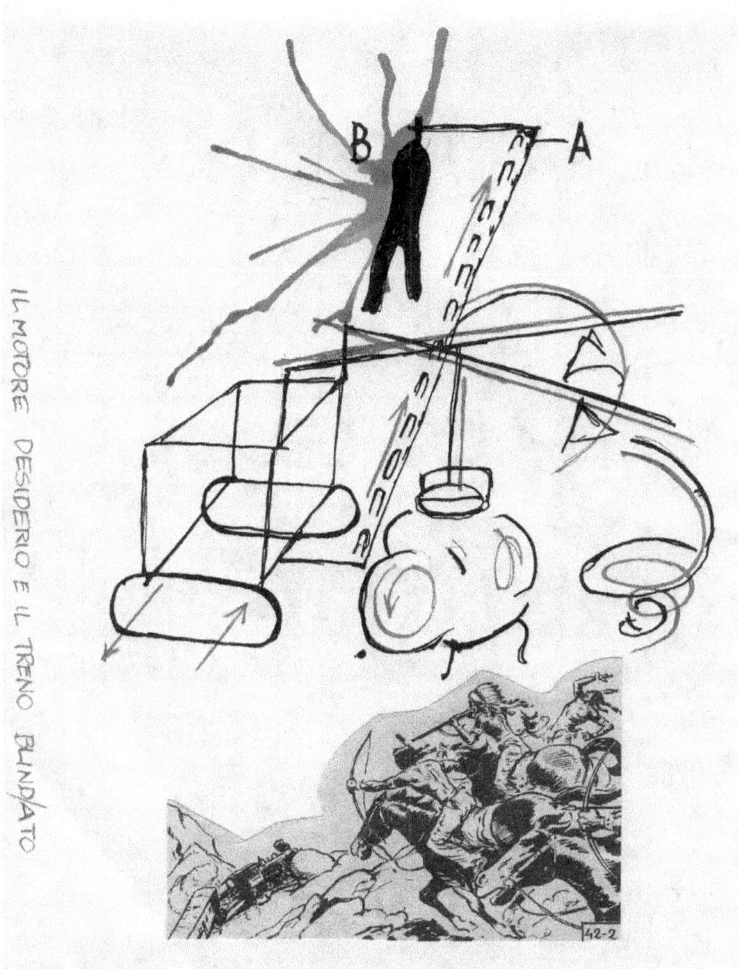

Pablo Echaurren, *Azionare il motore desiderio e scendere dal treno blindato /
Run the desire motor and get off the armored train*, 1977

Pablo Echaurren, dal quaderno *Macchine coniugi* / from notebook
Married machines, 1977-1978

Duchamperie (1977-2018)

Con disegni dai quaderni, 1977-1978

Pablo Echaurren

Era il 1977 quando decisi di usare Marcel Duchamp, il suo linguaggio e il suo immaginario iniziatico, come uno strumento di intervento politico, come un elemento di provocazione e di disturbo, come una figura di riferimento per la cosiddetta "ala creativa" del movimento: gli indiani metropolitani. Facemmo una fanzine di "solidarietà con i compagni dadaisti del Cabaret Voltaire" (*Il complotto di Zurigo*), scrivemmo un romanzetto d'appendice per il quotidiano *Lotta continua (Oltre lo specchio)*, in cui Duchamp appariva come un personaggio fantomatico, una primula rossa dell'arte contemporanea e della contestazione. Inoltre riempii interi quaderni di duchamperie (scritte e/o disegnate) in chiave situ-movimentista. Eccone alcuni acerbi passaggi.

(1977)

Les ecchymoses des esquimaux métropolitains aux mots
exquis.
Le nostre ecchimosi. Le nostre squisite parole.

La Scatola Rossa (La Scatola Viola – viola la scatola – aprila,
con l'apriscatole, se serve).
Rompere le scatole. Rompere la Scatola e sparpagliarne tutti i
componenti alla rinfusa. Ognuno rimetterà in ordine i pezzi a
proprio piacimento.
Non c'è un'interpretazione, una ricomposizione univoca.
Molteplicità.

Detournare Marcel. Ipnotizziamo il potere. Ipotizziamo.

Possiamo deturpare, detournare l'intera storia dell'arte:
da Lascaux a oggi.
Possiamo piegarla alle nostre esigenze.
Ma Duchamp resterà sempre quello che ha capovolto il punto
di vista.
Che ha sconvolto le regole del gioco.
Per questo giocare con lui vuol dire mettersi nel solco.
Seguire la sua indicazione, continuare l'opera *con altre armi*.
Senza troppi marmi celebrativi.
Usiamo Duchamp contro i parrucchieri della messa in piega
del movimento.
Contro i capetti e i ducetti dell'aula magna: facciamogli un bel
duchampoo stile libero e bello (Libera e bella).
Rinfreschiamogli la zucca.
Sciacquiamogli le idee.

Duchamp rivisitato.
Duchamp movimentato.

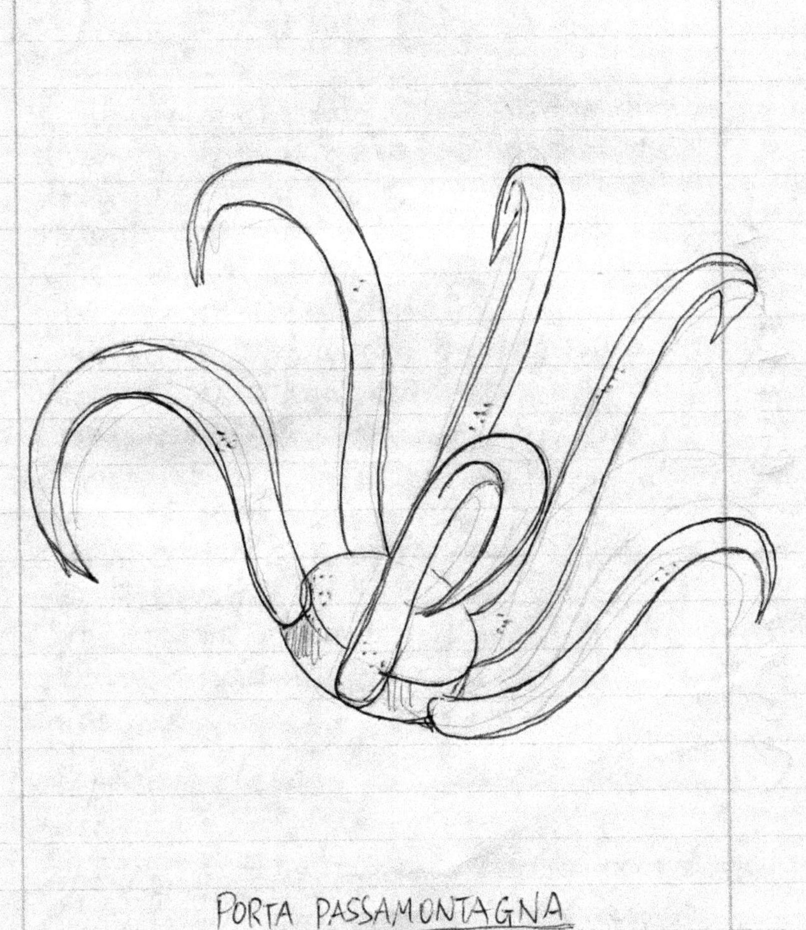

PORTA PASSAMONTAGNA

Appendete al chiodo i vostri passamontagna.
MODESTA PROPOSTA

dipingere
da ~~~~ concretamente sulle vetrate
della stazione Termini -
Collettivo M. D. (movimento duchampiano)
INTERVENTO DUCHAMPIANO CONCRETO
LA CONTE/STAZIONE (dei) TERMINI
d'après da bagarre d'Austerlitz

Duchamp proletarizzato.
Duchamp schierato.
Duchamp ....
D'ailleurs, d'altronde non è proprio M.D. che definisce il
suo orinatoio (il suo "Orinoir") come *Un robinet original
revolutionnaire*?
Innestiamo perciò l'opera di M.D. nel movimento
"rivoluzionario" e vediamo come funziona.
Anche se non significa nulla.

Tre rammendi tipo: Marxismo - Duchampismo - Linea Rossa.
LA NOSTRA LINEA sghemba, stramba, samba.

Il MOVIMENTO è un ready-made. Sta a noi *rettificarlo*.
METTERGLI I BAFFI.

L'importante è non ripetersi mai. Mai!
Non fatevi schiavizzare dalla ripetitività.

Possiamo portare *Duchamp à tous les étages*. Possiamo portare,
mano nella mano, *Duchamp dans la rue*. Duchamp dans la
place. Non ci sono limiti all'immaginazione.
Art & creativité à tous les étages.

Stanno facendo (hanno fatto) dell'arte quello che fecero con gli
enclosure acts. Stanno recintando e privatizzando.
L'arte non è proprietà privata. È un bene pubblico. A
disposizione di tutti. C'è libero accesso.

IL SOL DELL'AVVENIRE:
Quando tutti saremo Duchamp.
Quando tutti eleggeremo gli oggetti che sceglieremo ad opere
d'arte.

Quando le opere d'arte si trasformeranno negli oggetti che ci
circonderanno.
Quando l'arte sarà evaporata nella vita.
Quando non ci saranno più differenze né interferenze.
Quando.
Quando?
Quien sabe?

Pellerossa o Pelle Rrossa? Peaux Rrouges!

U/SIAMO DUCHAMP
Non lasciamolo ad ammuffire nei musei, nei mausolei, nelle
gallerie private (private di senso, soprattutto). Tiriamolo
fuori dalle campane di vetro e facciamogli prendere aria.
Ossigeniamolo. Strapazziamolo. Lui si divertirà: uscirà
dalla tomba e si metterà a sgambettare insieme a noi
Uacciuariuariuà.
D'altronde sono sempre gli altri a morire. O no?

Duchamp au service de la révolution.
La naturale, inevitabile evoluzione. Essere al servizio della
rivoluzione? O entrare in sintonia con la rivoluzione?
Meglio simpatizzare, empatizzare che servire.
Né servi né padroni.
Neanche delle rivoluzioni.
Le macchine agricole. Le comuni agricole (Altrove?).
Le piantagioni: Maria.
La trebbiatura. La separazione dalla pula.

Duchamps

Siamo i parassiti di Dada.
Ci siamo incistati e ne succhiamo la linfa.
Un altro DADA con altre armi.
Usare il "Grande Vetro" per rendere trasparente la crisi in atto.
È ormai evidente – trasparente – l'inconciliabilità di chi si
trincera dietro un'autonomia di facciata per ripristinare il
vecchio gioco dirigista.
Non importa se di matrice poteroperaista, lottacontinuista o
marxista-leninista.
Dove sono i segmenti di spazio e tempo liberati? Dove le cento
radio, le cento voci?
I fogli, i cento fogli, stanno appassendo.

Lo specchio di Alice è rotto, sette anni di guai. 77 anni di
sfortuna.
Il "Grande Vetro" si sta crepando, sotto i nostri occhi,
scricchiola in maniera inquietante.
Montano la guardia alla tragedia annunciata le 9 crisalidi
rinsecchite degli scapoli, degli stampi maschili.
Non ci sono stampi femminili.
Non possono esserci. Le donne sono più avanti. Non sono
bloccate a questa retorica muscolare. Non sono afflitte da questo
bisogno di dimostrare, di dominare, di comandare.

Cento micro organizzazioni di stampo militare giocano a fare la
guerra.
Tragiche marionette di una recita il cui copione è già stato
scritto.
Sparano credendo di affermare una qualche superiorità.
Carezzano le loro armi come un prolungamento del fallo.
Hanno sostituito il *desiderio* con l'*imperio*.
Sono irrecuperabili.
Rotolano lungo una china che li porterà ad essere la versione
farsesca di un esercito da operetta. Malgrado il sangue che si
lasciano dietro.
L'inutile spargimento sarà il definitivo spegnimento di ogni
tentativo di cambiamento.

(Gendarme, Corazziere, Lacchè, Fattorino, Prete, Impresario di
pompe funebri, Vigile, Capostazione, Poliziotto) i nove stampi
maschi sono tutti pronti a intervenire, a recitare le loro litanie,
macinando sempre lo stesso cioccolato.
Non sentite in lontananza (in vicinanza?) gli slogan del corteo
che avanza?
Lacchè, Gendarmi, Fattorini, Capistazione, Militonti,
Lottarmatisti… tutti belli schierati, in formazione.
Pronti a menare, a affermare le loro verità, a intonare gli inni, a
lanciare le parole d'ordine.
Siamo tutti prigionieri di un Grande Vetro.
Rompiamolo!
Infrangiamo il Grande Vetro della nostra Impotenza, della
vostra Supponenza.
Attraversiamo lo specchio.
Alice è con noi.
Alice Mit Uns.

Scacco matto.
Per una deriva scacchistica.
Oaskiere (nuovo pezzo per il gioco degli scacchi).
Gli Oaskieri schizzano in ogni direzione, a zig-zag.
L'Oaskiere gioca contro se stesso. Nello schieramento bianco
c'è l'Oaskiere nero e viceversa.
L'Oaskiere non si preoccupa di difendere il Re, lo insidia
pur non potendolo in alcun modo mangiare. La funzione
dell'Oaskiere non è quella di mangiare altri pezzi (tale funzione
gli è inibita) ma solo quella di creare confusione, incasinare la
situazione. Occupare caselle, renderle indisponibili al gioco.
Fare ostruzionismo. Mettersi in mezzo. Seminare zizzania.
Confondere le acque.
L'Oaskiere introduce la variabile situazionista.
Oaskakki

["Oask?!" era il nome di un nostro giornale realizzato nel
marzo del 1977. La parola sta per caos, caso…]

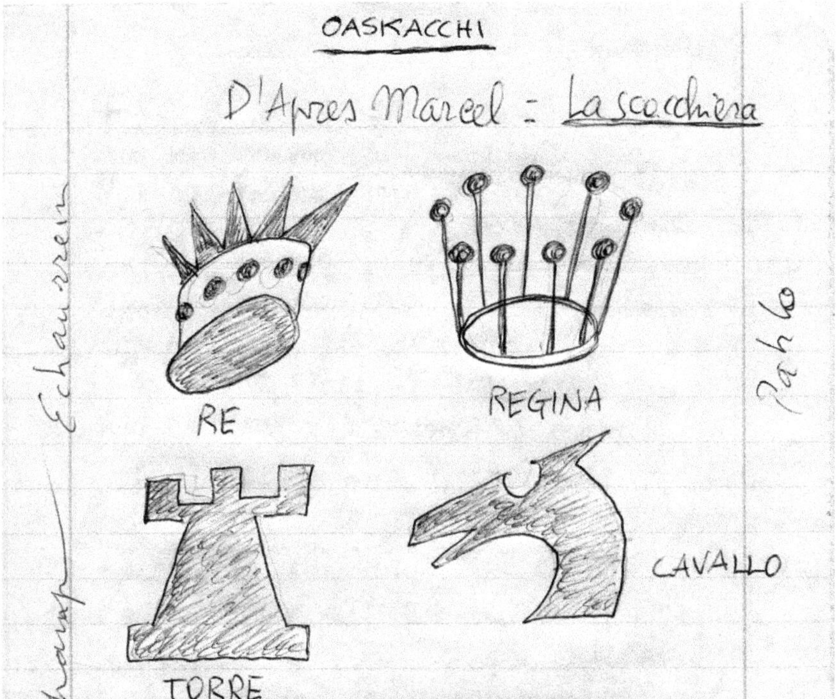

OASKACCHI

D'Apres Marcel = La scacchiera

Echauzren

Pablo

Duchamp

Marcel

RE

REGINA

TORRE

CAVALLO

ALFIERE

PEDONE

OASKIERE

Duchamp di sinistra

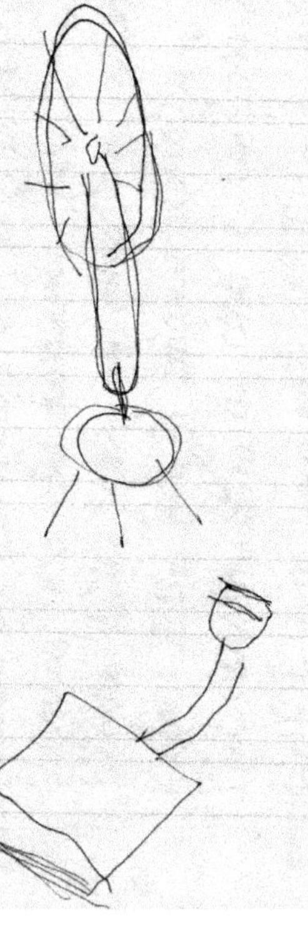

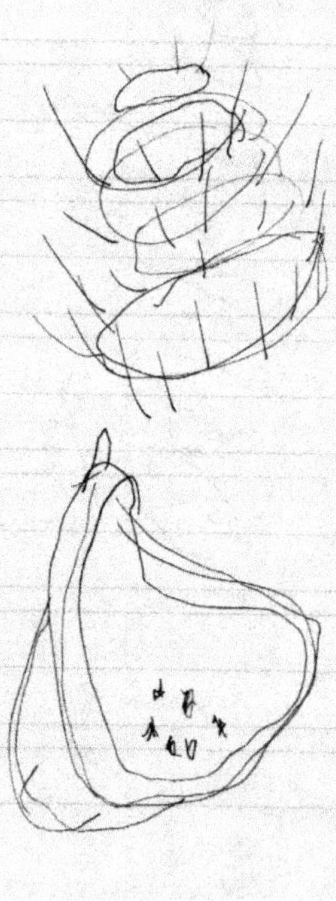

Come il pensiero si forma in bocca, così l'arte si forma nella
lotta.

(1978)

Servirsi di Duchamp come d'un manifesto politico.
Servirsi di Duchamp come d'un programma sociale.
Servirsi di Duchamp come d'un tazebao.
Servirsi di Duchamp come d'un murale.
Servirsi di Duchamp come d'un volantino.
Duchamp à tout le monde!
Du champagne à tout le monde!

LA REVOLUTION
Méthode Duchampenoise.
R.S.V.P.

Dare un ordine agli appunti.
NO
Dare un disordine agli appunti.
Mazzo di carte-mescolare-estrarre.
Distrarre ogni tentazione di creare una qualche pur esile teoria.
Duchamp è flusso – taglio e flusso.
Tagliare questo mazzo di carte e farlo fluire in modo da avere
una composizione sempre differente. Instabile. Desiderante.

Marxismo Heg(e)lettico – Materialismo dialettico –
Dogmatismo cachettico – Spontaneismo eclettico – Dadaismo
epilettico - Oh yeah!

La *Boîte Verte*, che contiene gli appunti per la realizzazione de *Il Grande Vetro* (opera peraltro incompiuta), è una cassetta degli attrezzi, è un meccano, è un puzzle di cui non esiste una soluzione univoca.

Da quasi cinquant'anni mi confronto con le sue tessere rompicapo e da quasi cinquant'anni conservo alcune di queste mie esercitazioni sul tema, si tratta di appunti, commenti, battute, giochi di parole, pensieri sparsi che vado raccogliendo in una *Red Box*, divenuta contenitore di libere associazioni di idee, di spunti, calembour, slogan.

Se Alice attraversava lo specchio per ritrovarsi nel Paese delle Meraviglie a me serve attraversare *Il Grande Vetro* per finire in un mondo parallelo fatto di costruzioni enigmistiche, capriole artistiche e sollecitazioni metapolitiche.

(2012)

BULLI & PUPE.
L'insetto che, durante la muta, si spoglia dell'uniforme, della divisa, della livrea.
I bulli. I vermi che strisciano in basso. Il maschio è incapace di reale mutamento. Si rotola nel suo cioccolato.
La pupa (la Vergine). La crisalide il bozzolo in cui si agita la nuova vita, la nuova forma di vita. La mutazione.
Solo la femmina, la Pupa, la Vergine, tende alla rivoluzione.

(2015)

Et les trois Rois Mages porteurs de cadeaux, vénérèrent le Saint Enfant qui était né pour devenir Roi et saveur…
Duchamp - Picabia - Apollinaire sulla strada Joura-Paris -
Trois Rois Images.
L'Enfant-Phare – La comète.

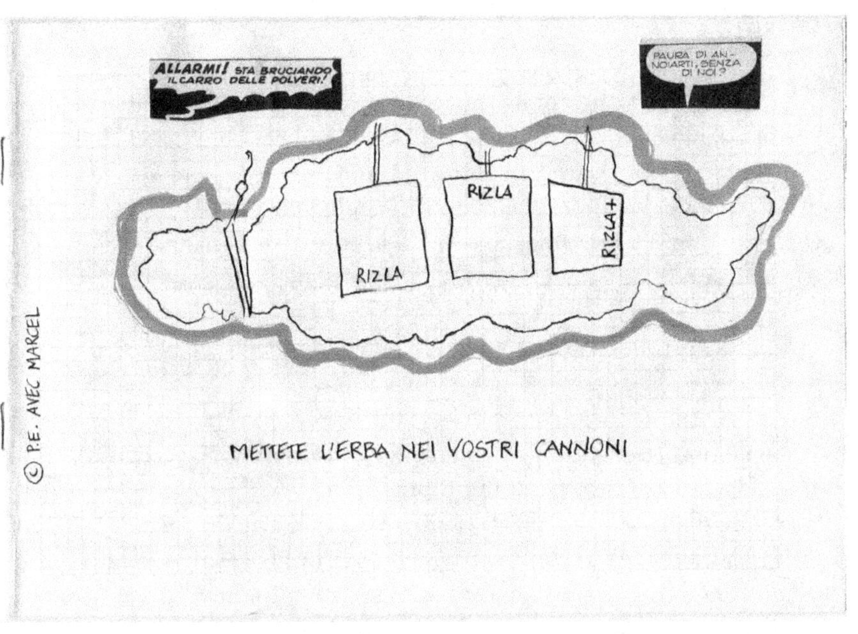

I re Magi seguono la stella cometa come i tre Re Images
(seguono) i fari della loro macchina. Della macchina che li
conduce verso…
NUOVO VANGELO DELLA MODERNITÀ DADA
VENIRE

ROSA et RROSE
Rosa Bonheur (Bordeaux 1822-1899) pittrice. La sua lotta per
ottenere l'autorizzazione dalla polizia ad indossare i pantaloni.
"J'étais le plus garçon de tous".
Rrose Sélavy (Anche Rrose era il più ragazzo di tutte).

(2016)

La Boîte Verte è un corallo in continua evoluzione &
formazione.

Marcel Duchamp ha realizzato il Grande Vetro con la stessa
cura, perizia e meticolosità con cui i suoi antenati hanno
innalzato le cattedrali. Charles Péguy et moi…

L'arte e la sollevazione popolare. È l'arte che deve abbassarsi al
popolo o è il popolo che deve sollevarsi?

Se nel valore di scambio la merce (in quanto semplice coagulo
del lavoro astratto) perde la propria specificità, il proprio
valore d'uso, allora ecco che rendere opera d'arte un oggetto
deprivato della sua funzione, di ogni sua utilità (ready-made),
diventa di per se stesso un atto di disvelamento, un atto
d'accusa che va riconosciuto come tale. In senso anticapitalista,
anche.

(2017)

Biancaneve e i 9 stampi maschi
Disporre in un giardinetto una statua di Biancaneve e
circondarla di 9 statuette in gesso dipinto degli stampi
maschi… Ricreare un perfetto giardinetto borghese da villetta
suburbana.
Forse fiorirà pure l'aspidistra…
NYC 3 marzo 2017

Salvare Duchamp dal nullo compressore del grullo confessore
dal fetore di confessionale

(Suger-Marcel)
La Sainte Chapelle.

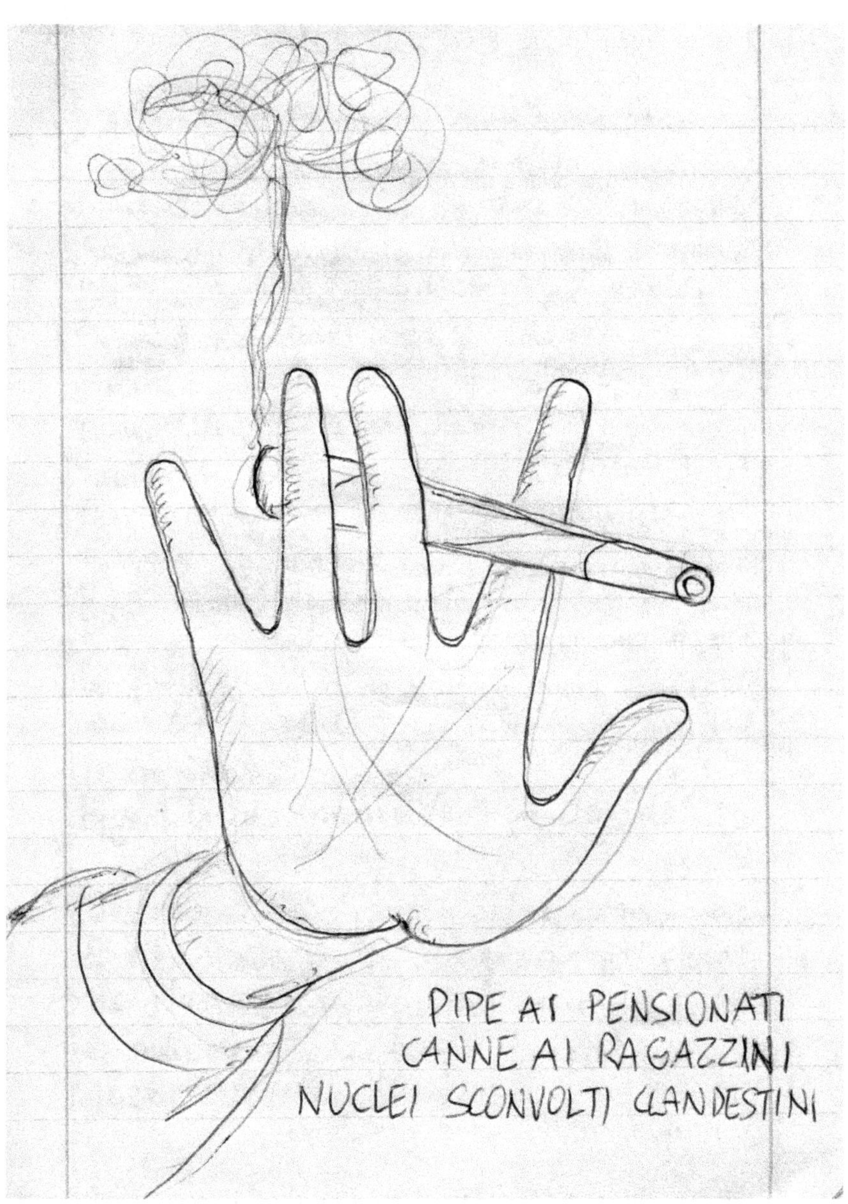

PIPE AI PENSIONATI
CANNE AI RAGAZZINI
NUCLEI SCONVOLTI CLANDESTINI

Un ritardo medievale in vetro.
Suger de Saint-Denis.
La Sainte Duchampelle: il primo dei 44 quadrilobi dipinti
del XIII secolo realizzati in pasta vitrea incrostata d'argento
rimanda direttamente alla macinatrice e alla slitta.
Duchamp was here.
"Il supplizio di San Vittore legato ad una ruota". Di bicicletta?
Ma anche "il supplizio dei pettini di ferro" inflitto a San
Quintino.
"Peigne", 1916.
Pparis Sélavy-Saint Marcel.
Slitta o ruota. Onanismo e tortura. L'abate svelato-il Duchamp
messo a nudo.

Duchamp non asseconda uno stile, non insegue un marchio di
fabbrica. Sabota la fabbrica. Jacquerie.
È un assenteista, anche. Un ozioso, perfino. Un non lavoratore,
un non garantito, un disoccupato non pentito.
È pura assenza.

L'o/zio Marcel. Il lavoro retribuito non è più necessar/io.

(2018)

ZANG TUMB TU M'
Duchamp e il futurismo, anche.

GRAND HOT-ELLE
Le passage de la Mariée à la Veuve (Clicquot).
Con brindisi.

Testimoni oculisti. La Sposa (la mia Sposa) cerca di mettermi a
fuoco & fiamme (e ci riesce).
Lavorare alacremente all'estinzione dell'artista.

ATTENZIONE
NON DATE DA MANGIARE AGLI ARTISTI
(progetto per un cartello).

Je dis: jeudi je joue. Avec Marcel (progetto di mostra-blitz).

"Le grand verre" è un verminaio di glossatori, di glassatori, di
grassatori. Di glissatori, perfino.

Elle a show au cul (Duchamp/Debord).

Mon Alice dans le pays des merveilles. Mon Alice au-delà du
miroir (avec Guy Debord, aussi).

Llaboté Danlaru et moi stimiamo le stimmate degli stiliti saliti
sui monoliti del loro disgusto.

Llaboté Danlaru et moi ci dissociamo dai capostazione che
guardano con costernazione la contestazione.

Llaboté Danlaru et moi disprezziamo gli insulsi artisti avulsi e
gli impulsi convulsi della loro peristalsi.

Llaboté Danlaru et moi ignoriamo l'aitante critico militante
tanto tonto quanto millantante.

Llaboté Danlaru et moi udiamo, odiamo, l'eco del loro chiosare
senza osare mai.

Llaboté Danlaru et moi pensiamo che la funzione di ogni
frazione (anche la nostra) sia creare frizione e disvelare la
finzione.

LADRI DI BICICLETTE

monumento
al combattente
di strada
ignoto

~~incidente~~

scontri-bici

street fighting man
bicycle

- come si muove una bici
  con la ruota deformata.
- rilevarne il tracciato
- diversi tipi di deformazione
  (diversi tracciati)

riuscire a reggersi in sella - rodeo di
biciclette incidentate

Duchamperies (1977-2018)
With drawings from notebooks, 1977-1978

Pablo Echaurren

It was 1977 when I decided to use Marcel Duchamp, his language and his esoteric imagery as a tool of political action, as a means of provocation and disturbance, as a figure of reference for the so-called "creative wing" of the movement: the Indiani Metropolitani. We brought out a zine of "solidarity with the Dadaist comrades of the Cabaret Voltaire" (*Il complotto di Zurigo*) and wrote a serialized novel for the newspaper *Lotta continua (Oltre lo specchio)*, in which Duchamp appeared as a mysterious figure, a Scarlet Pimpernel of contemporary art and protest. In addition, I filled notebooks with Duchamperies (written and/or drawn) in a Situationist/grass-roots activist key. Here are some raw extracts.

(1977)

Les ecchymoses des esquimaux métropolitains aux mots exquis.
Our ecchymoses. Our exquisite words.

The Red Box (The Violet Box—violate the box—open it, with
the can opener,[1] if needed).
Break the balls. Break the Box[2] and scatter its contents all over
the place.
Everyone can put the pieces back in order in any way they
please.
There is no unambiguous interpretation, no unequivocal
rearrangement.
Multiplicity.

Detourn Marcel. Let's hypnotize those in power. Let's
hypothesize.

We can deface, detourn[3] the entire history of art:
from Lascaux to the present day.
We can make it serve our needs.
But Duchamp will always remain the one who turned the
point of view on its head.
Who disrupted the rules of the game.
This is why playing with him means following in his footsteps.
Taking up his suggestion, continuing his work *by other means.*
Without too many commemorative marble slabs.
Let's use Duchamp against the hairdressers trying to make the
movement look respectable.

1. *Apriscatola,* "box opener," in Italian.

2. *Rompere le scatole,* literally "break the boxes," in Italian means to
break someone's balls or be a pain in the neck.

3. *Deturpare, detournare.*

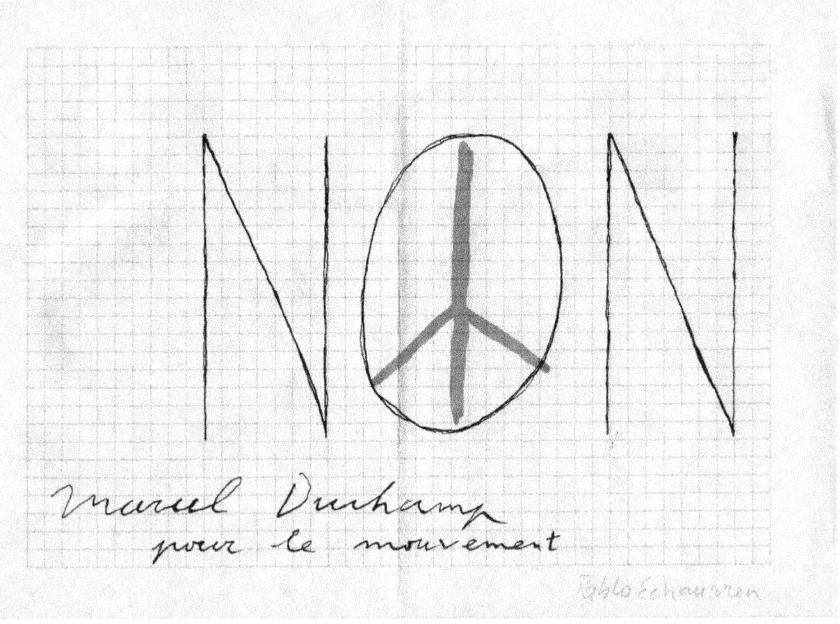

Against the petty bosses and dictators of the assembly hall: let's give them a good free and beautiful style Duchampoo (Libera e bella[4]).

Let's refresh their heads.

Rinse their ideas.

Duchamp revisited.

Duchamp enlivened.[5]

Duchamp proletarianized.

Duchamp taking sides.

Duchamp ....

4. Libera e bella ("Free and Beautiful") is the name of an Italian brand of shampoo.

5. *Movimentato* in Italian, a play on the word *movimento* in the sense of a political movement.

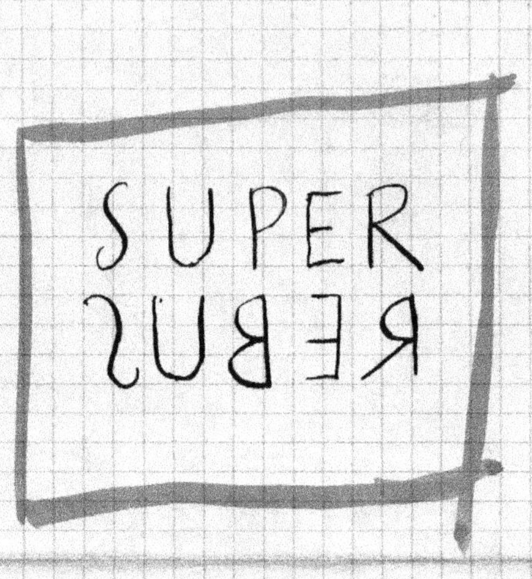

d'après
Marcel Duchamp

D'ailleurs, anyway wasn't it M.D. who defined his urinal (his *Orinoir*) as *Un robinet original revolutionnaire*?
So let us insert M.D.'s work in the "revolutionary" movement and see how it runs.
Even if it doesn't mean anything.

Three mends of the following kind: Marxism—Duchampism—Linea Rossa. OUR LINE, skewed, odd, samba.[6]

The MOVEMENT is a readymade. It's up to us to *straighten it out.*[7] PUT A MOUSTACHE ON IT.

The important thing is never to repeat yourself. Never!
Don't let yourself be enslaved by repetitiveness.

We can take *Duchamp à tous les étages*. We can take, hand in hand, *Duchamp dans la rue. Duchamp dans la place.* There are no limits to the imagination.
Art & creativité à tous les étages.

They are doing (have done) to art what they did with the enclosure acts. They are fencing it off and privatizing it.
Art is not private property. It is a public good. Available to all.
There is free access to it.

6. Skewed and odd are *sghemba* and *stramba* in Italian.

7. *Rettificare,* which also means to correct or adjust.

THE SUN OF THE FUTURE:[8]
When we'll all be Duchamp.
When we'll all treat the objects we choose as works of art.
When works of art will turn into the objects that surround us.
When art will have evaporated into life.
When there will no longer be differences or interferences.
When.
When?
Quien sabe?

Redskin o Rred Skin? *Peaux Rrouges!*

LET'S USE/BE DUCHAMP
Let's not leave him to grow moldy in museums, in
mausoleums, in private galleries (deprived of meaning,
above all). Let's take him out of the bell jars and let him get
some air. Let's oxygenate him. Mangle him. He will enjoy
it: he'll emerge from his grave and start capering with us
Uacciuariuariuà.[9]
Anyway it's always the others who are going to die. Isn't it?

Duchamp au service de la révolution.
The natural, inevitable evolution. Being in the service of the
revolution? Or being in tune with the revolution?
Better to sympathize with it, empathize with it than to serve it.
Neither servants nor masters.
Not even of revolutions.
Agricultural machinery. Agricultural communes (Elsewhere?).
Plantations: Mariajuana
Threshing. Winnowing.

8. *Il sol dell'avvenire*, an Italian name for the Communist symbol of the
rising sun.

9. A cry of the Indiani Metropolitani and the Italian version of the
American pop music refrain "showwaddywaddy."

Duchamps

We are the parasites of Dada.
We have formed cysts and we are sucking their lifeblood.
Another DADA by other means.
Using the *Large Glass* to make the current crisis transparent.
The incompatibility of those who take refuge behind a feigned
autonomy in order to dust off the old game of central command
is now evident: transparent.
It doesn't matter whether it comes from Potere Operaio, Lotta
Continua or Marxism-Leninism.
Where are the liberated segments of space and time? Where the
hundred radios, the hundred voices?
The papers,[10] the hundred papers, are withering.

Alice's looking glass is broken, seven years of bad luck. Seventy-
seven years of misfortune.
The *Large Glass* is cracking, before our eyes. Breaking up in a
troubling way.
The 9 dry chrysalises of the bachelors, of the Malic Molds,
mount guard on the tragedy foretold.
There are no Femalic Molds.
There can't be. Women are further ahead. They're not stuck at
this muscular rhetoric. They don't suffer from this need to prove
something, to dominate, to command.

A hundred micro-organizations of a military character play at
waging war.
Tragic puppets in a performance whose script has already been
written.
They shoot, believing they are asserting some kind of
superiority.
They caress their weapons like an extension of the phallus.
They have replaced *desire* with *empire*.

10. *Fogli,* a play on leaves.

They are past redemption.
They are rolling down a slope that will lead to them becoming
the farcical version of an operetta army. Despite the blood they
leave behind them.
The pointless bloodshed will definitively extinguish any
attempt at change.

(Gendarme, Cuirassier, Flunky, Department-Store Delivery
Boy, Priest, Undertaker, Busboy, Stationmaster, Policeman)
the nine Malic Molds are all ready to intervene, to recite their
litanies, always grinding the same chocolate.
Don't you hear in the distance (nearby?) the slogans of the
marchers as they advance?
Flunkies, Gendarmes, Department-Store Delivery Boys,
Stationmasters, Thick-Headed Militants,[11] Terrorists[12]... all
lined up, in formation.
Ready to land blows, to assert their truths, to sing anthems, to
shout slogans.
We are all prisoners of a Large Glass.
Let's break it!
Let's shatter the Large Glass of our Impotence, of your
Arrogance.
Let us go through the looking glass.
Alice is with us.
Alice mit Uns.

Checkmate.
For a drift into chess.
Oaskiere[13] (new piece for the game of chess).
Oaskieri dart in any direction, in a zigzag.
The Oaskiere plays against itself. In the white set the Oaskiere
is black and vice versa.

11. *Militonti,* a pun on *militante* and *tonto,* dull or thick-headed.

12. *Lottarmatisti,* those willing to engage in armed struggle.

13. Pun on the Italian word for the bishop chess piece, *alfiere.*

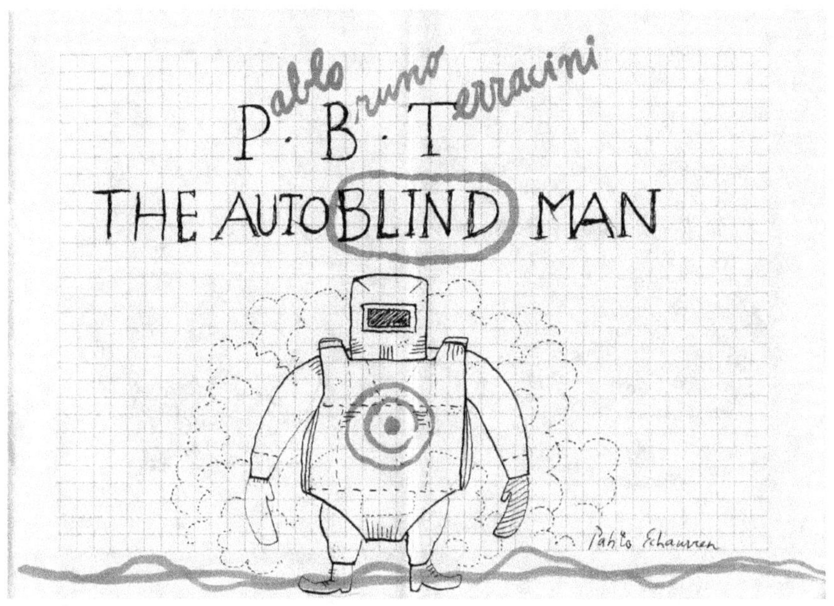

The Oaskiere doesn't worry about defending the King. It sets traps for the King even though it cannot take it in any way.
The function of the Oaskiere is not to capture other pieces (it is forbidden to do so) but only to create confusion, to mess up the situation. By occupying squares, taking them out of play. Being obstructionist. Getting in the way. Sowing discord. Clouding the issue.
The Oaskiere introduces the Situationist variable.
Oaskakki[14]

[*Oask?!* was the name of a paper we brought out in March 1977. The word stands for chaos, chance...]

Just as thought is made in the mouth, art is made in struggle.

14. A play on *Oask* and *scacchi*, chess.

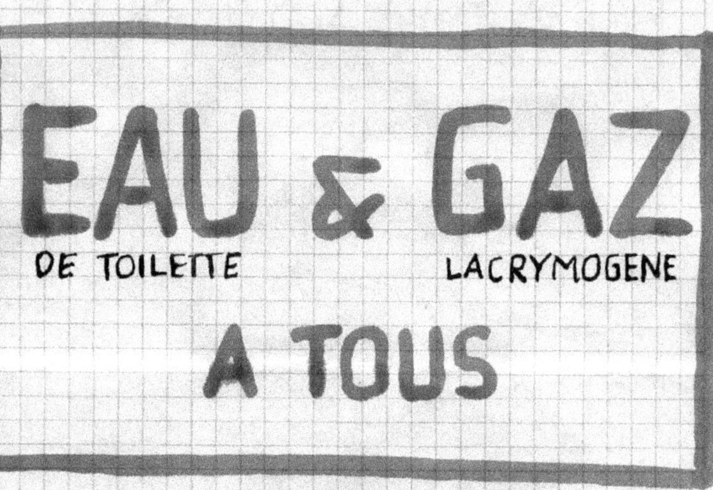

EAU & GAZ
DE TOILETTE
LACRYMOGENE
A TOUS
1977
1978
Pablo & marcel

(1978)

Using Duchamp as a political manifesto.
Using Duchamp as a social program.
Using Duchamp as a *dàzìbào*, a big-character poster.
Using Duchamp as a mural.
Using Duchamp as a leaflet.
Duchamp à *tout le monde!*
Du champagne à *tout le monde!*

LA REVOLUTION
Méthode Duchampenoise.
R.S.V.P.

Putting the notes in order.
NO
Putting the notes in disorder.
Pack of cards-shuffling-drawing.
Distracting any temptation to create a theory, however flimsy.
Duchamp is flow—cut and flow.
Cutting this pack of cards and making it flow so as to have an
ever shifting composition. Unstable. Desiring.

Heg(e)lectic Marxism—Dialectical materialism—Cachectic
dogmatism—Eclectic spontaneism[15] —Epileptic Dadaism—
Oh yeah!

La Boîte Verte ("The Green Box"), which contains the notes for the construction of *The Large Glass* (although it is an unfinished work), is a toolbox, a Meccano set, a puzzle for which there is no unequivocal solution.

For almost fifty years I have been dealing with its brainteasing pieces and for almost fifty years I have kept some of my exercises on the theme, notes, comments, jokes, plays on words and scattered thoughts that I have been collecting in a *Red Box*, which has turned into a container of free associations of ideas, of cues, puns, slogans.

If Alice went through the Looking Glass to get back into Wonderland I need to pass through *The Large Glass* to end up in a parallel world made up of puzzling constructions, artistic capers and meta-political stimuli.

(2012)

GUYS & DOLLS.
The insect that, when molting, strips off its uniform, its livery. Guys, bullies. Worms that slither along the ground. The male is incapable of real change. He rolls in his chocolate.
The doll (the Virgin). The pupa, the chrysalis,[16] the cocoon in which new life stirs, the new form of life. Mutation.
Only the female, the Doll, the Virgin, aspires to revolution.

(2015)

Et les trois Rois Mages porteurs de cadeaux, vénérèrent le Saint Enfant qui était né pour devenir Roi et saveur...
Duchamp—Picabia—Apollinaire on the Jura-Paris road—
Trois Rois Images.
L'Enfant-Phare—La comète.

16. The Italian word *pupa* means both "doll" and "chrysalis."

The Three Kings, the Magi, follow the star of Bethlehem like
the Three Kings, Images, (follow) the headlights of their car. Of
the car that is talking them toward...
DADA NEW GOSPEL OF MODERNITY TO COME

ROSA et RROSE
Rosa Bonheur (Bordeaux, 1822-99), painter. Her battle to
obtain permission for the police to wear pants. "*J'étais le plus
garçon de tous.*"
Rrose Sélavy (Rrose too was the most boyish of them all).

(2016)

La Boîte Verte is a coral in continual evolution & formation.

Marcel Duchamp made the Large Glass with the same care,
skill and thoroughness with which his ancestors built cathedrals.
Charles Péguy et moi...

Art and the popular uprising. Is it art that has to come down to
the people or the people that have to rise up?

If in its exchange value merchandise (as simple coagulation of
abstract work) loses its specific character, its value in use, then
this is what makes the work of art an object stripped of its
function, of all its utility (readymade). It becomes in itself an act
of disclosure, an indictment that should be recognized as such.
In an anticapitalistic sense, too.

(2017)

Snow White and the 9 Malic Molds
Place a statue of Snow White in a little garden and surround
it with 9 painted plaster statuettes of the Malic Molds... To

re-create the perfect little bourgeois garden of a house in the
suburbs.
Perhaps the aspidistra will flower too...
NYC 3 March 2017

Save Duchamp from the useless compressor of the foolish
confessor with the stink of the confessional

(Suger-Marcel)
La Sainte Chapelle.
A medieval delay in glass.
Suger de Saint-Denis.
La Sainte Duchampelle: the first of the 44 13th-century painted
quatrefoils made of glass paste encrusted with silver alludes
directly to the grinder and the sleigh. Duchamp was here.
"The torture of St. Victor bound to a wheel." A bicycle wheel?
But also "the torture of iron combs" inflicted on St. Quentin.
Peigne, 1916.
Pparis Sélavy-Saint Marcel.
Sleigh or wheel. Masturbation and torture. The abbé revealed-
Duchamp laid bare.

Duchamp doesn't indulge in a style, he doesn't seek a
trademark. He sabotages trade. Jacquerie.
He is a habitual absentee from work, too. An idler, even. A
non-worker, with no job security, unrepentantly unemployed.
He is pure absence.

Idle/uncle[17] Marcel. Gainful employment is no longer
necessary.

17. *O/zio*, a play on the words *ozio*, leisure, idleness, and *zio*, uncle.

(2018)

ZANG TUMB TU M'
Duchamp and Futurism, too.

GRAND HOT-ELLE
Le passage de la Mariée à la Veuve (Clicquot).
With a toast.

Oculist Witnesses. The Bride (my Bride) tries to make me fly
into a passion (and succeeds).

INSURRECTION

R.S.V.P.

REVOLUTION

NON MERCI

Working eagerly on the extinction of the artist.
WARNING
DO NOT FEED THE ARTISTS
(design for a notice).

Je dis: jeudi je joue. Avec Marcel (design for a show-blitz).

Le grand verre is a can of worms, teeming with glossators, glazers, robbers. Even skaters.[18]

Elle a show au cul (Duchamp/Debord).

Mon Alice dans le pays des merveilles. Mon Alice au-delà du miroir (avec Guy Debord, aussi).

Llaboté Danlaru et moi estimate the stigmata of the stylites mounted on the monoliths of their disgust.

Llaboté Danlaru et moi dissociate ourselves from stationmasters who look on contestation with consternation.

Llaboté Danlaru et moi despise inane detached artists[19] and the convulsive impulses of their peristalsis.

Llaboté Danlaru et moi ignore the strapping militant critic as dense as he is boastful.[20]

Llaboté Danlaru et moi hear, hate, the echo of their annotating without ever attempting.[21]

Llaboté Danlaru et moi think that the function of every fraction (even our own) is to create friction and reveal fiction.

(English translation by Huw Evans)

18. *Di glossatori, di glassatori, di grassatori. Di glissatori, perfino.*

19. *Insulsi artisti avulsi...*

20. *Millantante.*

21. *Chiosare senza osare mai.*

Snail Time
di Mary Ann Caws

postmedia books first edition 2018
reprint 2020

62 pp. 24 ill.
isbn 9788874902125

Postmedia Srl
Milano
www.postmediabooks.it